COMO SER O REI DO MARKETING DIGITAL

RUBBER LIVROS

SUMÁRIO

1.INTRODUÇÃO AO
MARKETING DIGITAL

2.ESTRATEGIAS DO
MARKETING DIGITAL

3.CRIANDO CONTEÚDO DE
QUALIDADE

4.AUTOMAÇÃO DO
MARKETING

5.PUBLICIDADE ONLINE

6.MARKETING DE
CONTEUDO

7.MÍDIAS DIGITAIS

8.EMPRESAS DE
MÍDIA DIGITAL:

9.MARKETING DE AFILIADOS E
PARCERIAS

10.PUBLICIDADE ONLINE 2

11.VENDA DE PRODUTOS OU
SERVIÇOS

12.MENSURANDO O SUCESSO E
O APRENDIZADO CONTINUO

13.GERENCIAMENTO DO TEMPO
E CONSISTÊNCIA

14.LIDANDO COM DESAFIOS E
ADVERSIDADES

15.ESTRATÉGIAS AVANÇADAS E
T5NDÊNCIAS FUTURAS

1.INTRODUÇÃO AO
MARKETING DIGITAL

O QUE É O MARKETING DIGITAL?

O marketing digital é o grupo de estratégias feitas para a <u>promoção de uma marca</u> no ambiente digital, sempre com o propósito de promover empresas e produtos. Com isso, as marcas podem fazer uso de diferentes canais digitais e técnicas que permitem a análise dos resultados em tempo real.

VANTAGENS DO MARKETING DIGITAL:

O marketing digital é uma prioridade para as empresas, pois ele aumenta a <u>interatividade com o público</u> e também pode obtenção e <u>análise de dados</u> mais fácil, coisa quem antes era muito difícil.

QUAIS SÃO OS PRINCIPAIS OBJETIVOS DE MARKETING DIGITAL?

Existem muitas objetivos para começar a investir no marketing digital os principais são aumento de publico, aumento de vendas e a analise detalhada.

2.ESTRATEGIAS DO MARKETING DIGITAL

A primeira coisa a se fazer quando o assunto é estratégia é analisar a concorrência e os fatores tecnológicos, para elaborar uma estratégia comece pesquisando tendencias e tópicos.

Logo abaixo terá varias estratégias para melhorar o seu marketing digital ou da sua empresa :

1: CRIE UM SITE PROFISSIONAL

Criar um site profissional constrói uma presença online marcante que é muito importante para a divulgação da sua marca. Diante disso, é importante criar um site profissional que funcione como uma central para todas as informações relacionadas ao seu negócio.

4

Ao colocar sua marca na web, você aumentará a credibilidade de sua empresa e tornará mais fácil para as pessoas a descobrirem. Além disso, você terá a oportunidade de criar experiências interessantes para clientes potenciais como posts em blogs, vídeos, e-books e muito mais com o objetivo de aproximá-los de sua marca.

Existem varias plataformas que criam sites profissionais grátis.

ALGUMAS PLATAFORMAS ESTARÃO NO QR CODE ABAIXO:

2: CONHEÇA O SEU NICHO DE MERCADO

Achar um nicho no mercado é uma etapa essencial para todo mundo que está começando um novo negócio no marketing digital. Afinal, é impossível criar um produto ou serviço que atenda às necessidades de todos os públicos. As pessoas são diferentes, assim como seus interesses e perfis demográficos.

Conhecer seu nicho no mercado é muito importante para facilitar, se você não tiver um nicho ainda aqui vão algumas dicas para achar o seu nicho.

Dica para achar seu nicho:

Procure um nicho que você/sua empresa se identificam (use a área que vocês trabalham para facilitar).
Exemplo se você tem um consultório medico seu nicho será saúde, você poderá fazer conteúdo sobre dicas de saúde, etc.

Caso você não tenha uma área especifica que você trabalhe você pode fazer vídeos de comedia, histórias e outros virais. Caso você tenha um produto sempre tente encaixá-lo no vídeo.

Antes de continuarmos lembre-se
*Não há **estratégia mágica** no marketing digital*
O objetivo do marketing é conectar o valor da sua marca com os clientes, aumentar o reconhecimento e publico da sua marca
É um conceito simples, mas pode aumentar muito seu publico e vendas.

-Nichos Lucrativos

Existem vários nichos lucrativos no marketing digital, e a escolha depende de seus interesses, conhecimentos e recursos. Alguns nichos populares e potencialmente lucrativos incluem:

1. Saúde e Bem-Estar: Segmentos como perda de peso, fitness, dieta, meditação e bem-estar mental têm uma grande demanda online.

2. Finanças e Investimentos: Conteúdo relacionado a finanças pessoais, investimentos, criptomoedas e educação financeira é sempre procurado.

3. Educação Online: Oferecer cursos e tutoriais em vídeo sobre diversos tópicos, como aprendizado de idiomas, habilidades técnicas, marketing digital, etc.

4. *Alimentação e Receitas: Blogs, vídeos e redes sociais dedicados a culinária, receitas saudáveis ou dietas específicas têm uma audiência apaixonada.*

5. *Beleza e Moda: Maquiagem, moda, cuidados com a pele e cabelo são nichos populares para blogs e influenciadores.*

6. Marketing Digital: Oferecer serviços de consultoria em marketing digital, SEO, gestão de mídias sociais, entre outros, para empresas que buscam aumentar sua presença online.

7. Tecnologia: Cobrir análises de produtos, notícias de tecnologia, tutoriais e análises de gadgets e eletrônicos.

8. Viagens e Turismo: Compartilhar experiências de viagem, guias de destinos, dicas de economia em viagens, etc.

9. Produtos de Nicho: Focar em produtos específicos, como suplementos alimentares, acessórios para animais de estimação, produtos para bebês, entre outros.

10. Sustentabilidade e Ecologia: Conteúdo relacionado a práticas e produtos sustentáveis, redução de desperdício, energia renovável e estilo de vida ecológico.

Lembre-se de que a chave para o sucesso em qualquer nicho é oferecer conteúdo de alta qualidade, construir uma audiência engajada e, eventualmente, monetizar seu público por meio de publicidade, afiliações, produtos digitais ou serviços relacionados ao nicho escolhido. Além disso, é importante fazer uma pesquisa de mercado detalhada para entender a concorrência e as oportunidades em seu nicho escolhido.

3: CONTEÚDO PARA SUAS REDES SOCIAIS

Hoje em dia com tanta informação está cada vez mais difícil produzir um conteúdo que "prenda" a pessoa no vídeo, então se você quer que a pessoas fique no seu vídeo você tem que fazer um começo bem marcante e chamativo, você também pode misturar vídeos de comedia no seu conteúdo para engajar mais, use memes do momento. Mas caso queira um tipo de conteúdo diferente, você pode fazer conteúdos informativos também, eles também são muito assistido. Use Chamadas para Ação (CTAs).

DADOS

Estudos indicam que cerca de **50% a 70%** dos usuários das redes sociais consomem conteúdo informativo, incluindo vídeos educativos, tutoriais e palestras.

Estudos recentes sugerem que uma parte significativa dos usuários geralmente entre **40% a 60%** acessa redes sociais para se divertir, o que inclui vídeos, memes e outros conteúdos de comédia.   fonte: Digital 2023 Report - Hootsuite.

3.CRIANDO CONTEÚDO DE QUALIDADE

Nos dias de hoje, o conteúdo é fundamental. Com o grande crescimento das plataformas digitais, a quantidade de informações disponíveis é imensa, e isso torna fundamental para empresas e criadores de conteúdo oferecer material de alta qualidade. Mas o que exatamente significa "conteúdo de qualidade" e por que ele é tão crucial?

Conteúdo de qualidade é aquele que proporciona uma experiência agradável para o publico pode ser visualmente ou sonoramente também.

UM CONTEÚDO DE QUALIDADE GERALMENTE TEM:

Uma Boa Estrutura: um texto bem organizado, com introdução, desenvolvimento e conclusão, facilita a leitura e a compreensão. Use subtítulos e listas para quebrar a informação.

Uma Aparência Visualmente Atraente: O uso de imagens, gráficos e vídeos pode complementar seu texto e tornar a experiência do usuário mais agradável. **As vezes o simples pode ser o melhor.**

Chamadas para Ação (CTAs): Chamadas para Ação (CTAs) são instruções ou mensagens que incentivam o público a realizar uma ação específica.

Elas são fundamentais no marketing digital e podem aparecer em diferentes formatos. Geralmente no começo de um vídeo tem "CTA" para chamar a atenção do publico, ela pode ser uma coisa marcante ou chamativa, exemplo fale coisas interessantes que pouca gente saiba. Você também você pode fazer coisas não esperada pelo publico como jogar um balde d'agua no rosto.

Edição de vídeo: A edição de vídeo é fundamental para um conteúdo com qualidade, você pode baixar um editor de vídeo para começar.

Design gráfico: O design gráfico desempenha um papel crucial em diversas áreas, especialmente no marketing e na comunicação visual. Um design gráfico bom traz vários benefícios aqui estão alguns deles:

Comunicação Eficaz: Um bom design gráfico transmite mensagens de forma clara e imediata

Atração Visual: Designs atraentes capturam a atenção do público

Credibilidade e Profissionalismo: empresas que investem em design gráfico transmitem uma imagem mais profissional e confiável

Identidade da Marca: O design gráfico ajuda a criar e fortalecer a identidade visual de uma marca

Edição de vídeo: A edição de vídeo é fundamental para um conteúdo com qualidade, você pode baixar um editor de vídeo para começar.

4.AUTOMAÇÃO DO MARKETING

Automação de Marketing é o uso de tecnologias para automatizar ações e processos, com o objetivo de aumentar a eficácia e a escalabilidade do marketing. Existem diversas plataformas para automatização.

COMO USAR A AUTOMAÇÃO A SEU FAVOR?

Existem muitas formas de utilizar a automação a seu favor, aqui em baixo estarão algumas delas:

1. Resposta automática: você pode usa-la para responder seus clientes automaticamente sobre qualquer informação.

2. Automatização de pedidos: caso você tenha uma loja e quer atender seus clientes pelo WhatsApp mas não consegue ficar olhando o tempo todo você pode automatizar, a automatização vai responder o cliente e mandar para você todas as informações dos pedidos sem você fazer nada.

3. Automatização para resposta de comentário: Esse método é muito utilizados em vídeos que vendem produtos, a automatização funciona assim, você faz um vídeo oferecendo seu produto/serviço e coloca na descrição "comente eu quero que te envio o link" quando a pessoa comentar, automaticamente a automatização enviará o link para ela. Você pode encontrar todas essas automatizações pesquisando, muitas delas são grátis.

5.PUBLICIDADE ONLINE

A publicidade online é fundamental no marketing digital para alcançar o público-alvo de maneira mais prática, rápida e eficaz.

O QUE É PUBLICIDADE ONLINE ?

A publicidade online é uma estratégia no qual o objetivo é influenciar consumidores a comprarem produtos de determinada marca por meio de anúncios na internet, que fazem as pessoas lembrarem do seu produto ou marca. (Nem sempre a publicidade precisa ser paga)

COMO FAZER A SUA PUBLICIDADE ONLINE SER LEMBRADA PELO PUBLICO

Existem varias formas para a sua publicidade ser lembrada, aqui em baixo estarão algumas delas.

Músicas: A música é muito utilizada pelas propagandas, pois fazem que o publico lembre da sua propaganda.

Dica: faça músicas "chiclete", ou seja musicas com um ritmo que faça a pessoa criar uma memoria sobre ela. Para fazer uma música marcante use musicas atuais e inclua a letra de sua propaganda.

Situações do dia a dia: Usar situações do dia a dia na sua propaganda pode mostrar ao consumidor que o seu produto é utilizados em situações cotidianas e ele precisará utilizar em algum momento.

Crie um anúncio atraente: Crie uma campanha com elementos visuais e texto relevantes para o seu público-alvo.
Fazer isso pode fazer a pessoa se lembrar da sua propaganda.

Use influenciadores: Use pequenos e grandes influenciadores na sua propaganda, isso fará a pessoa ficar mais tempo na sua propaganda.

6.MARKETING DE CONTEUDO

CRIANDO UM PLANO DE CONTEÚDO

Criar um plano de conteúdo eficaz envolve uma série de etapas. Aqui está um guia passo a passo para ajudá-lo a criar um plano de conteúdo personalizado:

1. Defina seus objetivos:
 Comece por identificar claramente o que deseja alcançar com o seu conteúdo. Isso poderia ser aumentar o tráfego do site, gerar leads, educar seu público ou aumentar a conscientização da marca.

2. Conheça seu público-alvo:
Desenvolva personas de compradores para entender quem são seus principais públicos. Quais são suas necessidades, desafios e interesses?

3.Faça uma análise de conteúdo existente:
Avalie o conteúdo atual que você tem. Identifique o que funciona bem e o que precisa ser aprimorado ou atualizado.

4. Escolha tópicos e temas:
- Com base em seus objetivos e no conhecimento do seu público, liste tópicos e temas relevantes para o seu nicho.

5. Pesquisa de palavras-chave:
- Realize pesquisas de palavras-chave para cada tópico. Identifique palavras-chave relacionadas e populares que você pode incorporar ao seu conteúdo.

6. Planeje formatos de conteúdo:
- Determine quais tipos de conteúdo funcionarão melhor para seus objetivos, como blogs, vídeos, infográficos, podcasts, etc.

7. Estabeleça um calendário editorial:
- Crie um cronograma que detalhe quando e com que frequência você planeja publicar conteúdo. Considere fatores como sazonalidade e eventos importantes em seu setor.

8. Atribua responsabilidades:
- Se você trabalha com uma equipe, atribua responsabilidades específicas para a criação, edição e promoção de conteúdo.

9. Crie diretrizes de estilo e voz:
- Defina um estilo de escrita consistente e uma voz que reflita a personalidade da sua marca.

10. Estabeleça métricas de sucesso:
- Determine como você medirá o sucesso do seu plano de conteúdo. Isso pode incluir métricas como tráfego, taxas de conversão, compartilhamentos sociais, etc.

11. Crie um plano de promoção:
- Não basta apenas criar conteúdo; você também precisa promovê-lo. Planeje estratégias para compartilhar seu conteúdo em redes sociais, newsletters, marketing por e-mail, etc.

12. Revise e ajuste regularmente:
- À medida que você implementa seu plano de conteúdo, acompanhe o desempenho, analise métricas e faça ajustes conforme necessário para melhorar continuamente.

Lembre-se de que a consistência é essencial para o sucesso do seu plano de conteúdo. Mantenha-se fiel ao seu calendário editorial e esteja preparado para adaptar sua estratégia à medida que o feedback e os resultados chegam. Um plano de conteúdo bem executado pode ajudar a atingir seus objetivos de marketing digital e a construir um público engajado.

BLOGGING, VÍDEOS E OUTROS FORMATOS DE CONTEÚDO

Os melhores tipos de conteúdo para o marketing digital podem variar dependendo do seu público-alvo, nicho de mercado e objetivos específicos. No entanto, aqui estão alguns tipos de conteúdo amplamente eficazes que podem ser usados como parte de uma estratégia de marketing digital:

1. Blogs: Publicar postagens de blog informativas e relevantes é uma maneira eficaz de atrair tráfego orgânico para o seu site. Os blogs podem abordar uma variedade de tópicos relacionados ao seu setor.

2. Vídeos: Os vídeos são altamente envolventes e populares. Eles podem incluir tutoriais, análises de produtos, vídeos explicativos ou até mesmo vlogs, dependendo do seu nicho.

3. Infográficos: Infográficos são ideais para apresentar informações complexas de forma visual e fácil de entender. Eles são compartilháveis e atraentes.

4. E-books e Guias: Oferecer e-books ou guias completos em troca de informações de contato do usuário pode ser uma excelente maneira de gerar leads.

5. Webinars e Vídeos ao Vivo: Webinars e transmissões ao vivo permitem interagir diretamente com seu público, responder a perguntas em tempo real e demonstrar conhecimento no assunto.

6. Podcasts: Os podcasts são uma forma conveniente de consumir conteúdo, especialmente para aqueles que estão em movimento. Eles são ótimos para discussões aprofundadas.

7. Estudos de Caso: Compartilhar estudos de caso de clientes bem-sucedidos pode demonstrar o valor de seus produtos ou serviços.

8. Conteúdo Gerado pelo Usuário: Publicar conteúdo criado por seus próprios clientes, como depoimentos e avaliações, é uma forma autêntica de promover sua marca.

9. Listas e Artigos Informativos: Listas, artigos informativos e posts do tipo "como fazer" são populares porque oferecem informações práticas e soluções.

10. Mídias Sociais: Crie conteúdo específico para cada plataforma de mídia social, como postagens, histórias, vídeos curtos, enquetes, etc.

11. Email Marketing: Use newsletters e campanhas de email para manter seu público informado sobre atualizações, ofertas e novos conteúdos.

12. Recursos Interativos: Isso inclui quizzes, pesquisas, calculadoras e outras ferramentas interativas que envolvem os visitantes do site.

Lembre-se de adaptar seus tipos de conteúdo com base no estágio do funil de vendas em que seu público se encontra. Conteúdo informativo é ótimo para atrair leads, enquanto conteúdo mais detalhado e de demonstração pode ser eficaz para converter leads em clientes. Além disso, monitore o desempenho do seu conteúdo e ajuste sua estratégia com base nos resultados.

DISTRIBUIÇÃO E PROMOÇÃO DE CONTEÚDO

A distribuição e promoção de conteúdo no marketing digital envolve várias estratégias e canais para alcançar seu público-alvo. Aqui estão algumas etapas importantes:

1. Conheça seu público-alvo: Antes de tudo, é fundamental entender quem são seus potenciais clientes para direcionar suas estratégias de distribuição de conteúdo de maneira eficaz.

2. Crie conteúdo de qualidade: Produza conteúdo relevante, informativo e envolvente que atenda às necessidades e interesses do seu público.

3.Utilize SEO: Otimize seu conteúdo para mecanismos de busca (SEO) para aumentar a visibilidade orgânica nos resultados de pesquisa.

4.Redes Sociais: Compartilhe seu conteúdo nas redes sociais relevantes para sua audiência. Use imagens atraentes, hashtags e promova o envolvimento.

5. E-mail Marketing: Envie newsletters e atualizações para sua lista de e-mails. Personalize as mensagens e inclua chamadas para ação (CTAs).

6. Marketing de Influenciadores: Colabore com influenciadores do seu nicho para promover seu conteúdo.

7. *Publicidade Online:* Use anúncios pagos, como Google Ads, Facebook Ads ou anúncios nativos, para direcionar o tráfego para seu conteúdo.

8. *Guest Posting:* Escreva artigos como convidado em sites relevantes para aumentar sua visibilidade e credibilidade.

9. Participação em Comunidades Online: Participe de fóruns, grupos de discussão e comunidades online relacionadas ao seu nicho e compartilhe seu conteúdo quando apropriado.

10. Analytics: Monitore o desempenho do seu conteúdo usando ferramentas analíticas para ajustar suas estratégias conforme necessário.

11. Colaborações e Parcerias: Colabore com outras empresas ou marcas relacionadas para promover conteúdo.

12. Webinars e Podcasts: Realize webinars ou crie podcasts para compartilhar conhecimento e promover seu conteúdo de forma mais interativa.

13. Remarketing: Use estratégias de remarketing para alcançar novamente pessoas que já interagiram com seu conteúdo.

14. Aplicativos de Mensagens:Use aplicativos de mensagens como o WhatsApp ou o Telegram para compartilhar conteúdo com clientes e seguidores.

15. Marketing de Conteúdo Contínuo: Mantenha uma estratégia de marketing de conteúdo consistente para manter seu público engajado.

Lembre-se de que a escolha das estratégias dependerá do seu público, da natureza do seu negócio e dos recursos disponíveis. É importante testar e ajustar suas abordagens com base nos resultados para melhorar continuamente sua distribuição e promoção de conteúdo.

7.MÍDIAS DIGITAIS

Mídia digital é todo e qualquer conteúdo que tem relatividade principal com meio digital, mas não somente a internet como muitos se confundem, um conteúdo gravado em um pen drive também é uma mídia digital.

TIPOS DE MÍDIAS DIGITAIS

Os tipos de mídias digitais podem variar e são infinitos, mas os mais populares hoje em dia são:

- Vídeos
- Podcasts
- Cd`s
- Dvs
- E-books

- Websites
- Redes sociais
- Mini Websites
- Lojas Virtuais
- Catálogos Digitais

aqui em baixo estarão 4 grandes tipos de mídias digitais:

- Mídia digital Paga
- Mídia digital Própria
- Mídia Digital Gratuita / espontânea
- Mídia Digital Off-line

MÍDIA DIGITAL PAGA

A mídia paga é aquela que você paga para aparecer, então logo depois de você escolher onde quer aparecer e efetuar o pagamento, o seu negócio já começará a aparecer nessa mídia escolhida.

lguns exemplos de mídia paga:
- Google ads
- Tv indoor (aqueles que seus conteúdos e anúncios aparecem em elevadores, padarias, restaurantes cafés)
- Facebook Ads
- Linkedin Ads
- Instagram Ads

– Campanhas de links patrocinados em em portais, sites, blog e etc

– Campanhas de banner e popups em portais, sites, blog e etc;

– Campanhas de Remarketing

VANTAGENS DAS MÍDIAS PAGAS:

- Você aparece rapidamente;

- Não precisa esperar dias, meses ou horas para aparecer

- Você pode escolher especificamente onde e como quer aparecer, o seu orçamento será o limite na maioria das vezes

- Ótimo para apresentar a marca para um volume grande de pessoas em um curto espaço de tempo

DESVANTAGENS DAS MÍDIAS PAGAS:

- Quando você deixa de pagar não ira aparece mais

.

- Muitas vezes precisa de altos investimentos, se você desejar aparecer em espaços publicitários bons e que consigam atender suas necessidades

- Muitas vezes não gera autoridade pois as pessoas veem a sua marca mas sabem que você pagou para estar ali

- E as vezes pode acontecer de a pessoa nem ver só por perceber que é uma propaganda

MÍDIA DIGITAL PRÓPRIA

Mídia digital própria pode ser considerada todo tipo de mídia que você tem autoridade própria. Ou seja: site, blog, perfis em redes sociais, loja virtual, etc. Ela representa o que a empresa tem controle (postagens, stories, etc.).

VANTAGENS DA MÍDIA PRÓPRIA:

- Controle de respostas. Exemplo: comentários

- Definição de publicações totalmente controlada por você, dia, hora e local

- Maior controle dos formatos que você deseja utilizar

- Gera um conexão boa com o público pois ali ele pode opinar a falar diretamente com a marca

DESVANTAGENS DA MÍDIA PRÓPRIA

- Para empresas e negócios que estão começando esta mídia geralmente possui um alcance de público menor, porém com constância essa desvantagem por ser vencida

- No início não gera muita autoridade, mas se trabalhada bem este ponto pode se tornar um ponto forte

MÍDIA GRATUITA/ESPONTÂNEA

A mídia digital gratuita é aquele espaço que você ou seu negócio recebe de maneira gratuita para aparecer nele.

Geralmente isso ocorre pois você tem um conteúdo importante ou uma temática que muito agrada aquele canal e seus espectadores, leitores etc.

VANTAGENS DA MÍDIA GRATUITA/ESPONTÂNEA

- Notoriedade rápida para sua marca, pois se o seu conteúdo digital aparece ali, isto significa que você ou sua empresa é referência no assunto

- Grandes oportunidade de negócios

- Alta exposição para sua marca

Cuidados com a mídia gratuita ou espontânea Sempre que for trabalhar com a mídia gratuita e bom levar em conta alguns tópicos para aproveitar com sucesso a oportunidade que você recebeu. Aqui estarão alguns deles

- Verificar se o meio(canal/veículo) que seu conteúdo irá aparecer, realmente vai gerar um valor para sua marca;

- Verifique se o canal que seu conteúdo será veiculado é um canal com conteúdos confiáveis, pois uma vez que o seu conteúdo aparecer nesta plataforma ele será referenciado com os outros conteúdos que ali estão;

- Analise se a linguagem do conteúdo que você vai gerar para aquele canal é adequado ao público que ali está;

MODELOS DE MÍDIAS DIGITAIS GRATUITAS OU ESPONTÂNEAS

- Entrevista em portais

- Convite para comentário em post, estudo ou matéria

- links de retorno que você não pagou para receber de volta para um de seus artigos

- Compartilhamento de conteúdos

- Convite para participar de uma postagem em um blog/portal/canal de notícia de grande notoriedade e público

MÍDIA DIGITAL OFF-LINE

São aquelas mídias que estão e são do formato digital mas não estão necessariamente em uma rede online ou até mesmo em exibição mas não deixam de ser mídias digitais.

VEJA ABAIXO ALGUNS EXEMPLOS DE MÍDIA DIGITAL OFF-LINE:

Exames de ultrassom entregues em Cd's Dvd's ou pendrives
Álbuns de formaturas ou casamentos entregues em Cd's Dvd's ou pendrives
Tv's de elevadores e restaurantes;

8.EMPRESAS DE MÍDIA DIGITAL

As empresas de mídias digitais e as agências de marketing digital têm a importante missão de apoiar seus clientes em diversas etapas essenciais:

- Planejamento inicial

- Definição de estratégias

- Levantamento dos melhores meios e canais para a marca trabalhar

- Levantamento de resultados para que novas ações sejam tomadas.

Uma empresa de mídia digital nunca deve fazer recomendações sobre meios digitais, canais ou veículos de comunicação sem primeiro realizar um diagnóstico completo do ambiente digital do cliente.

Somente com essa análise detalhada, e trabalhando em conjunto com o cliente, é que será possível desenvolver uma estratégia de marketing digital verdadeiramente eficaz e completa.

Observação: Nem sempre você precisa de uma empresa para gerencia seu marketing. Com o conhecimento adquirido nesse livro você consegue elaborar seu marketing perfeitamente.

9. MARKETING DE AFILIADOS E PARCERIAS

COMO FUNCIONA O MARKETING DE AFILIADOS

O marketing de afiliados é um modelo de negócios em que um afiliado promove produtos ou serviços de terceiros e ganha comissões por cada venda, clique ou ação resultante da sua promoção. Aqui está um resumo de como funciona:

1. Escolha de nicho e produtos: O afiliado escolhe um nicho de mercado e produtos ou serviços relevantes para promover.

2. Afiliação: O afiliado se inscreve em programas de afiliados oferecidos por empresas ou plataformas. Isso geralmente envolve a obtenção de um link de afiliado exclusivo.

3. Promoção: O afiliado utiliza vários canais de marketing, como sites, blogs, mídias sociais, e-mail marketing ou vídeos para promover os produtos ou serviços, incorporando o link de afiliado.

4. Aquisição de tráfego: O afiliado direciona tráfego para as páginas de destino dos produtos ou serviços, usando estratégias como SEO, publicidade paga, marketing de conteúdo, etc.

5. Conversões: Quando um visitante clica no link de afiliado e realiza uma ação desejada, como fazer uma compra, o afiliado ganha uma comissão.

6. Acompanhamento e análise: A maioria dos programas de afiliados fornece ferramentas para rastrear o desempenho das promoções, como o número de cliques, conversões e ganhos.

7. Recebimento de comissões: O afiliado recebe as comissões de acordo com as políticas do programa de afiliados, que podem ser pagas em intervalos regulares.

É importante escolher produtos ou serviços alinhados com seu nicho e público-alvo, criar conteúdo relevante e de qualidade e acompanhar o desempenho para otimizar suas estratégias de marketing de afiliados.

ENCONTRANDO PROGRAMAS DE AFILIADOS

Encontrar programas de afiliados pode ser uma tarefa relativamente simples, desde que você saiba onde procurar. Aqui estão algumas maneiras de encontrar programas de afiliados:

1. *Pesquisa Online*: Use mecanismos de busca, como o Google, e pesquise palavras-chave relacionadas ao seu nicho de mercado seguidas de "programa de afiliados". Por exemplo, "programa de afiliados de produtos de beleza" ou "afiliação de hospedagem web".

2. *Redes de Afiliados*: Existem redes de afiliados que agregam uma variedade de programas em diferentes nichos. Algumas das redes populares incluem ClickBank, ShareASale, CJ Affiliate (anteriormente Commission Junction) e Rakuten Advertising.

3. *Visite Sites de Empresas*: Vá diretamente aos sites de empresas que você deseja promover. Procure por links como "Programa de Afiliados", "Parceiros" ou "Afiliados" geralmente encontrados no rodapé ou na seção "Sobre Nós" do site.

4. *Redes Sociais*: Participe de grupos e comunidades nas redes sociais que se concentram no seu nicho. Às vezes, as oportunidades de afiliação são compartilhadas nesses grupos.

5. *Fóruns Específicos*: Alguns fóruns online têm seções dedicadas a programas de afiliados. Você pode encontrar oportunidades e discutir estratégias com outros afiliados.

6. *Eventos e Conferências*: Participar de eventos do setor e conferências relacionadas ao seu nicho pode ajudar a fazer conexões e descobrir oportunidades de afiliação.

7. *Consulte Plataformas de E-commerce*: Se você estiver interessado em promover produtos físicos, lojas de e-commerce, como Amazon, eBay, Shopify e Etsy, têm programas de afiliados.

8. *Mídias Sociais*: Siga empresas relevantes nas redes sociais e fique atento a anúncios ou postagens sobre programas de afiliados.

9. *Entre em Contato Direto*: Se você tem interesse em promover uma empresa específica que não oferece informações sobre afiliação em seu site, entre em contato diretamente com eles por e-mail ou telefone para perguntar sobre oportunidades de afiliação.

Ao procurar programas de afiliados, é importante considerar o nicho em que você deseja trabalhar, a relevância dos produtos ou serviços para seu público-alvo e as comissões oferecidas. Certifique-se de ler os termos e condições de cada programa antes de se inscrever para entender completamente as regras e expectativas.

ESTRATÉGIAS EFICAZES DE MARKETING DE AFILIADOS

Certas estratégias de marketing de afiliado podem ser altamente eficazes para maximizar seu potencial de ganhos. Aqui estão algumas delas:

1. *Marketing de Conteúdo de Qualidade*: Crie conteúdo valioso, informativo e relevante para seu público-alvo. Isso pode incluir blogs, vídeos, guias, análises de produtos e tutoriais que ajudem os usuários a tomar decisões informadas.

2. *SEO (Otimização de Mecanismos de Busca)*: Otimize seu conteúdo para mecanismos de busca. Isso aumentará a visibilidade do seu conteúdo e a probabilidade de atrair tráfego orgânico.

3. *E-mail Marketing*: Construa uma lista de e-mails e envie campanhas de e-mail direcionadas para seus inscritos, promovendo produtos relevantes. Segmentar sua lista com base nos interesses e comportamentos dos assinantes é essencial.

4. *Marketing de Mídia Social*: Promova produtos em suas contas de mídia social. Use estratégias como postagens patrocinadas, histórias, anúncios direcionados e engajamento com seu público para aumentar a conscientização.

5. *Análises e Avaliações*: Escreva análises detalhadas de produtos ou serviços que você está promovendo. Os consumidores valorizam opiniões honestas e imparciais, o que pode aumentar a confiança.

6. *Publicidade Paga*: Use plataformas de publicidade paga, como Google Ads e Facebook Ads, para direcionar tráfego qualificado para suas páginas de afiliados. Certifique-se de que seus anúncios sejam relevantes e tenham boas taxas de conversão.

7. *Marketing de Influência*: Colabore com influenciadores do seu nicho para promover produtos ou serviços. Os influenciadores têm seguidores leais que confiam em suas recomendações.

8. *Webinars e Seminários Online*: Realize webinars ou seminários online onde você possa apresentar produtos e responder a perguntas ao vivo. Isso pode criar um senso de urgência e engajamento.

9. *Retargeting*: Use estratégias de retargeting para alcançar pessoas que visitaram seu site, mas não converteram. Isso os lembra dos produtos que você está promovendo.

10. *Teste e Otimização Constantes*: Monitore o desempenho de suas estratégias e faça ajustes conforme necessário. Teste diferentes abordagens, criativos e canais para descobrir o que funciona melhor.

11. *Ofereça Recompensas Adicionais*: Ofereça bônus ou recompensas extras para quem comprar por meio do seu link de afiliado. Isso pode incentivá-los a agir.

12. *Acompanhe Métricas Chave*: Acompanhe métricas como taxa de conversão, ROI (Retorno sobre o Investimento), CTR (Taxa de Cliques) e LTV (Valor do Tempo de Vida do Cliente) para avaliar o desempenho de suas campanhas.

Lembre-se de que o sucesso no marketing de afiliado geralmente requer consistência e paciência. É importante construir relacionamentos com seu público e oferecer valor genuíno em vez de apenas promover produtos. Além disso, esteja ciente das políticas e diretrizes de cada programa de afiliados para garantir que suas práticas estejam em conformidade.

10.PUBLICIDADE ONLINE 2

GOOGLE ADS E FACEBOOK ADS

O marketing digital é uma ferramenta poderosa para promover produtos e serviços online, e duas das plataformas mais populares para alcançar o público-alvo são o Google Ads e o Facebook Ads. Ambos oferecem oportunidades únicas de segmentação e alcance, mas é crucial entender como usá-los efetivamente para obter os melhores resultados.

Google Ads:

O Google Ads é uma plataforma de publicidade paga que exibe anúncios nos resultados de pesquisa do Google e em sites parceiros. Aqui estão algumas dicas para usar o Google Ads com eficiência:

1. *Pesquisa de palavras-chave:* Comece pesquisando palavras-chave relevantes para o seu negócio. Escolha aquelas que têm alto volume de pesquisa e correspondem aos seus produtos ou serviços.

2. *Crie anúncios atraentes:* Escreva anúncios concisos e atraentes que incluam palavras-chave relevantes. Destaque os benefícios do seu produto ou serviço.

3. *Segmentação:* Utilize as opções avançadas de segmentação do Google Ads para direcionar seu anúncio para o público certo, com base em localização, idade, interesses e muito mais.

4. *Acompanhe o desempenho:* Monitore regularmente o desempenho dos seus anúncios. Ajuste palavras-chave, orçamento e estratégia com base nos resultados.

Facebook Ads:

O Facebook Ads permite que você alcance um público altamente segmentado com anúncios exibidos no Facebook e no Instagram.

Aqui estão algumas dicas para utilizar o Facebook Ads efetivamente:

1. *Segmentação precisa:* Aproveite a capacidade de segmentação do Facebook para direcionar anúncios com base em interesses, comportamentos, demografia e até mesmo interações passadas com sua página.

2. *Conteúdo visual:* O Facebook é uma plataforma visual, então invista em imagens e vídeos de alta qualidade que atraiam a atenção do público.

3. *Teste A/B:* Execute campanhas de teste A/B para descobrir quais anúncios funcionam melhor. Isso ajuda a refinar sua estratégia ao longo do tempo.

4. *Orçamento flexível:* Defina um orçamento diário ou vitalício que corresponda aos seus objetivos de marketing. Ajuste-o conforme necessário para otimizar o desempenho.

5. *Acompanhamento de conversões:* Use o pixel do Facebook para rastrear conversões em seu site, o que permite medir o ROI das suas campanhas.

Lembre-se de que o sucesso no marketing digital exige tempo, paciência e ajustes contínuos. Monitorar o desempenho, testar diferentes abordagens e adaptar-se às mudanças nas tendências do mercado são fundamentais para obter resultados positivos com o Google Ads e o Facebook Ads. Combine essas duas poderosas ferramentas para alcançar seu público-alvo de maneira eficaz e aumentar sua presença online.

ORÇAMENTO E SEGMENTAÇÃO DE ANÚNCIOS

No marketing digital, o "orçamento" refere-se à quantia de dinheiro que uma empresa ou anunciante está disposta a gastar em suas campanhas de publicidade online. Esse orçamento pode ser diário, mensal ou anual e é alocado para diferentes canais de publicidade, como Google Ads, Facebook Ads, entre outros. O orçamento determina quanto dinheiro está disponível para gastar em anúncios e influencia a exposição e o alcance das campanhas.

A "segmentação de anúncio" é o processo de direcionar os anúncios para um público-alvo específico com base em critérios demográficos, geográficos, comportamentais, interesses e outros dados relevantes. A segmentação ajuda a garantir que os anúncios sejam exibidos para as pessoas mais propensas a se interessar pelo produto ou serviço anunciado, aumentando assim a eficácia da campanha e economizando recursos financeiros. Isso permite que os anunciantes alcancem seu público-alvo de maneira mais eficaz e melhorem o retorno sobre o investimento (ROI) de suas campanhas de marketing digital.

Usar o orçamento e a segmentação de anúncios de forma eficaz no marketing digital é crucial para o sucesso de suas campanhas. Aqui estão algumas diretrizes sobre como fazer isso:

1. *Defina seu orçamento:* Comece determinando quanto dinheiro você está disposto a gastar em sua campanha de marketing digital. Considere fatores como o valor que você deseja investir por dia, semana ou mês. Certifique-se de que seu orçamento seja realista em relação aos seus objetivos e recursos disponíveis.

2. *Escolha os canais de publicidade:* Decida quais canais de publicidade digital são mais relevantes para o seu público-alvo e objetivos de negócios. Os canais populares incluem Google Ads, Facebook Ads, Instagram Ads, LinkedIn Ads, e outros. A alocação de orçamento para cada canal deve refletir sua eficácia e relevância para seu público.

3. *Segmentação do público-alvo:* Use os recursos de segmentação oferecidos pelos canais de publicidade para direcionar seu anúncio para o público certo. Isso inclui seleção de faixa etária, localização geográfica, interesses, comportamento online e muito mais. Quanto mais específica for sua segmentação, mais eficaz será sua campanha.

4. *Defina metas claras:* Estabeleça metas claras para suas campanhas, como aumentar as vendas, gerar leads, aumentar o tráfego do site ou criar conscientização de marca. Suas metas orientarão a alocação de orçamento e a criação de anúncios.

5. *Acompanhe e otimize:* Monitore regularmente o desempenho de suas campanhas. Use métricas como CTR (taxa de cliques), CPA (custo por aquisição) e ROI (retorno sobre o investimento) para avaliar o sucesso. Com base nos resultados, ajuste seu orçamento e estratégia de segmentação para otimizar o desempenho.

6. *Teste e aprenda:* Execute testes A/B para avaliar diferentes abordagens de anúncio, criativos e mensagens. Isso ajudará você a identificar o que funciona melhor para seu público e aprimorar suas futuras campanhas.

7. *Aloque recursos de forma estratégica:* Concentre mais recursos nas campanhas que estão gerando os melhores resultados e ajuste ou interrompa as que não estão funcionando conforme o esperado.

8. *Mantenha-se atualizado:* O marketing digital está em constante evolução. Fique atualizado com as tendências e novas tecnologias para garantir que sua estratégia de orçamento e segmentação esteja alinhada com as melhores práticas atuais.

- Acompanhamento e otimização

O acompanhamento e a otimização são partes fundamentais de uma estratégia eficaz de marketing digital. Eles envolvem o processo de monitoramento contínuo do desempenho de suas campanhas e ajustes para melhorar os resultados. Aqui está uma explicação mais detalhada de cada um:

1. *Acompanhamento (Tracking):* O acompanhamento no marketing digital refere-se à coleta de dados e métricas relevantes que permitem avaliar o desempenho de suas campanhas. Isso inclui o uso de ferramentas de análise da web, como o Google Analytics, para rastrear métricas como tráfego do site, taxas de cliques (CTR), taxas de conversão, tempo gasto no site, entre outros. O acompanhamento é fundamental para entender como seus anúncios estão performando e se estão alcançando seus objetivos.

2. *Otimização:* Uma vez que você tenha dados de acompanhamento disponíveis, a otimização no marketing digital envolve ajustar suas campanhas com base nas informações coletadas. Isso pode incluir otimizar elementos como palavras-chave, segmentação de público, orçamento de anúncios, conteúdo criativo e até mesmo a escolha dos canais de publicidade. O objetivo da otimização é melhorar o desempenho de suas campanhas, aumentando o retorno sobre o investimento (ROI) e alcançando seus objetivos de marketing com mais eficácia.

Alguns exemplos de otimização no marketing digital incluem:

- Refinar palavras-chave: Identificar palavras-chave mais eficazes e eliminar aquelas que não estão gerando resultados.
- Ajustar a segmentação: Adaptar o público-alvo com base nos dados demográficos e comportamentais que você coletou.
- Teste de criativos: Experimentar diferentes mensagens, imagens ou vídeos para ver qual funciona melhor com seu público.
- Aumentar ou reduzir orçamentos: Redefinir a alocação de recursos para os canais ou campanhas que estão gerando os melhores resultados.
- Otimizar landing pages: Melhorar as páginas de destino para aumentar a taxa de conversão.
- Acompanhar concorrência: Monitorar as táticas dos concorrentes e ajustar sua estratégia em conformidade.

O ciclo de acompanhamento e otimização é contínuo no marketing digital. À medida que o ambiente online muda e os dados se acumulam, é importante estar disposto a adaptar e aprimorar constantemente suas estratégias para garantir que você obtenha os melhores resultados possíveis de suas campanhas de marketing.

11. VENDA DE PRODUTOS OU SERVIÇOS

DESENVOLVENDO SEU PRÓPRIO PRODUTO

Desenvolver seu próprio produto no marketing digital pode ser uma empreitada empolgante e lucrativa. Aqui estão os passos fundamentais para criar e lançar seu próprio produto digital:

1. *Identifique uma Ideia de Produto:* Comece por identificar uma necessidade ou problema que seu produto digital possa resolver. Realize pesquisas de mercado e considere suas próprias paixões e conhecimentos para encontrar um nicho de mercado que seja promissor.

2. *Pesquisa de Mercado:* Avalie a concorrência e a demanda no mercado para sua ideia de produto. Isso envolve estudar produtos similares, identificar lacunas no mercado e entender as preferências do seu público-alvo.

3. *Crie o Produto:* Desenvolva seu produto digital. Isso pode ser um eBook, um curso online, um aplicativo, uma ferramenta online, software, conteúdo em vídeo, etc. Certifique-se de que seu produto seja de alta qualidade e agregue valor genuíno ao seu público.

4. *Defina Preços e Modelos de Negócios:* Determine quanto você cobrará pelo seu produto. Você pode optar por modelos de negócios como venda única, assinatura, freemium, entre outros, dependendo da natureza do seu produto.

5. *Construa uma Estratégia de Marketing:* Desenvolva uma estratégia de marketing digital sólida para promover seu produto. Isso pode incluir a criação de um site ou página de destino, otimização de mecanismos de busca (SEO), marketing de conteúdo, estratégias de mídia social, publicidade paga e outras táticas de marketing.

6. *Crie uma Estratégia de Lançamento:* Planeje o lançamento do seu produto com antecedência. Isso pode incluir uma campanha de pré-lançamento para criar expectativa e uma campanha de lançamento que destaque os benefícios do seu produto.

7. *Construa uma Lista de E-mails:* Coletar endereços de e-mail de pessoas interessadas é uma parte crucial do marketing digital. Use ímãs de leads, como eBooks gratuitos ou webinars, para atrair inscrições em sua lista de e-mails.

8. *Automatize Processos:* Use ferramentas de automação de marketing para simplificar tarefas repetitivas, como envio de e-mails, nutrição de leads e acompanhamento de vendas.

9. *Lance Seu Produto:* Quando tudo estiver pronto, lance seu produto para o público-alvo. Isso pode ser feito por meio de seu site, plataformas de venda online, redes sociais e outros canais relevantes.

10. *Avalie e Aperfeiçoe:* Após o lançamento, acompanhe o desempenho do seu produto e colete feedback dos clientes. Faça melhorias e atualizações conforme necessário para aprimorar a qualidade e a relevância do produto.

11. *Expanda e Diversifique:* À medida que seu produto ganha tração, considere expandir para novos mercados ou criar produtos complementares. A diversificação pode impulsionar o crescimento do seu negócio.

Lembre-se de que o sucesso no desenvolvimento de produtos digitais no marketing depende de pesquisa sólida, planejamento estratégico e dedicação contínua ao marketing e à melhoria do produto. Esteja preparado para ajustar sua estratégia com base no feedback e nas mudanças no mercado, e continue a aprender e se adaptar para alcançar o sucesso a longo prazo.

Como Configurar uma Loja Online

O comércio eletrônico se tornou uma parte fundamental dos negócios modernos, permitindo que empresas alcancem um público global e vendam produtos de maneira eficiente. Configurar uma loja online no marketing digital requer um planejamento cuidadoso e a execução de várias etapas. Aqui está um guia abrangente para ajudá-lo a iniciar seu negócio online:

1. Escolha um Nicho de Mercado:

O primeiro passo crucial é escolher um nicho de mercado. Isso envolve identificar um segmento específico da indústria que você deseja atender. Considere seus interesses, paixões e a demanda de mercado ao fazer essa escolha. Pesquise a concorrência e avalie o potencial de lucro do nicho.

2. Registre um Domínio:

Escolha um nome de domínio que seja relevante para o seu negócio e fácil de lembrar. Certifique-se de que o domínio esteja disponível e registre-o por meio de um serviço de registro de domínio confiável.

57

3. Escolha uma Plataforma de E-commerce:

Existem diversas plataformas de e-commerce disponíveis, como Shopify, WooCommerce (para WordPress), Magento, BigCommerce, entre outras. Escolha uma que atenda às suas necessidades em termos de funcionalidade, custos e facilidade de uso.

4. Desenvolva o Site:

Configure a estrutura do site, incluindo a criação de páginas de produtos, categorias e um sistema de pagamento seguro. Certifique-se de que o design seja atraente, responsivo e fácil de navegar. A usabilidade do site desempenha um papel crucial na experiência do cliente.

5. Crie Conteúdo de Qualidade:

Produza descrições de produtos detalhadas, atraentes e otimizadas para mecanismos de busca (SEO). Use imagens de alta qualidade e, sempre que possível, adicione vídeos que mostrem seus produtos em ação.

6. Otimize para SEO:

A otimização para mecanismos de busca é essencial para atrair tráfego orgânico. Pesquise palavras-chave relevantes para o seu nicho e otimize as páginas do seu site para classificar bem nos resultados de pesquisa do Google.

7. Estabeleça Presença nas Redes Sociais:

Crie perfis nas redes sociais relevantes para o seu negócio e promova seus produtos por meio dessas plataformas. Mantenha uma presença ativa e interaja com seu público para construir relacionamentos.

8. Desenvolva uma Estratégia de Marketing de Conteúdo:

O marketing de conteúdo é uma maneira eficaz de atrair e engajar clientes. Crie blogs, artigos e vídeos relacionados ao seu nicho e compartilhe-os em seu site e nas redes sociais. Isso demonstrará sua expertise e atrairá visitantes.

9. Use Anúncios Pagos:

Considere investir em publicidade online, como anúncios no Google Ads e em redes sociais, para aumentar a visibilidade do seu negócio. Campanhas bem planejadas podem direcionar tráfego altamente segmentado para sua loja. **59**

10. Analise e Ajuste:
Monitore o desempenho do seu site e de suas campanhas de marketing. Use ferramentas analíticas para coletar dados e ajuste sua estratégia com base nas informações obtidas. Isso é essencial para otimizar o desempenho e maximizar os resultados.

11. Ofereça Excelente Atendimento ao Cliente:
Mantenha uma boa comunicação com os clientes, respondendo rapidamente às suas dúvidas e oferecendo suporte eficaz. O atendimento ao cliente de qualidade pode fazer toda a diferença na fidelização de clientes.

12. Esteja Atento à Segurança:
Certifique-se de que seu site seja seguro para transações online. Utilize certificados SSL, criptografia e outras medidas de segurança para proteger os dados dos clientes e construir confiança.

Lembre-se de que configurar uma loja online no marketing digital requer dedicação e paciência. À medida que seu negócio cresce, continue aprimorando suas estratégias de marketing, expandindo seu catálogo de produtos e adaptando-se às necessidades do mercado. Com esforço constante e uma abordagem estratégica, você pode construir uma loja online de sucesso no mundo do marketing digital.

ESTRATÉGIAS DE VENDAS EFICAZES

Certas estratégias de vendas no marketing digital podem ajudar a impulsionar seu negócio online. Aqui estão algumas das mais eficazes:

1. *Marketing de Conteúdo:* Crie conteúdo de qualidade que seja relevante para seu público-alvo. Isso pode incluir blogs, vídeos, infográficos e outros tipos de conteúdo que eduquem, informem ou entretenham os visitantes. O conteúdo de qualidade pode atrair tráfego e estabelecer você como uma autoridade em seu nicho.

2. *Email Marketing:* Construa uma lista de emails de clientes em potencial e envie campanhas de email direcionadas. Segmentar os assinantes com base em interesses e comportamentos aumenta a eficácia do email marketing.

3. *SEO (Otimização para Mecanismos de Busca):* Otimize seu site para mecanismos de busca. Isso ajuda seu site a ser encontrado mais facilmente pelos clientes em potencial quando eles pesquisam produtos ou serviços relacionados.

4. *Publicidade Online:* Use anúncios pagos, como Google Ads e anúncios em redes sociais, para alcançar um público mais amplo. Segmentar seus anúncios para atender a grupos específicos de pessoas pode melhorar o retorno sobre o investimento.

5. *Redes Sociais:* Esteja ativo nas redes sociais relevantes para o seu público. Compartilhe conteúdo, envolva-se com os seguidores e use anúncios para alcançar um público mais amplo.

6. *Marketing de Afiliados:* Considere parcerias com afiliados que promovam seus produtos em troca de comissões. Isso pode ampliar seu alcance e aumentar as vendas.

7. *Chatbots e Atendimento ao Cliente Online:* Implemente chatbots em seu site para responder a perguntas frequentes e oferecer suporte 24 horas por dia. Um bom atendimento ao cliente online pode aumentar a confiança do cliente e converter visitantes em compradores.

8. *Programas de Fidelização:* Crie programas de fidelização que recompensem os clientes fiéis. Isso incentiva a repetição de compras e ajuda a construir relacionamentos duradouros com os clientes.

9. *Análise de Dados:* Use ferramentas de análise para rastrear o desempenho de suas estratégias de vendas. Aprenda com os dados e ajuste suas táticas com base no que funciona melhor.

10. *Remarketing:* Utilize o remarketing para direcionar anúncios específicos para pessoas que visitaram seu site anteriormente, mas não concluíram uma compra. Isso pode lembrá-los do seu produto e incentivá-los a retornar.

12.MENSURANDIO O SUCESSO E APRENDIZADO CONTÍNUO

MÉTRICAS-CHAVE DE MARKETING DIGITAL

A métrica-chave de marketing digital, também conhecida como KPI (Key Performance Indicator), é uma medida utilizada para avaliar o desempenho de uma estratégia de marketing online. Essas métricas ajudam as empresas a acompanhar e entender o sucesso de suas campanhas. Exemplos de métricas-chave de marketing digital incluem o tráfego do site, taxas de conversão, retorno sobre investimento (ROI), custo por aquisição (CPA), taxa de abertura de e-mails e engajamento nas redes sociais. A escolha das métricas-chave depende dos objetivos específicos de cada campanha e do que a empresa deseja medir e melhorar.

As melhores métricas-chave de marketing digital podem variar dependendo dos objetivos específicos de sua estratégia, mas algumas métricas amplamente consideradas importantes incluem:

1. *Taxa de Conversão*: Isso mede quantos visitantes do seu site ou campanha se tornaram clientes ou realizaram a ação desejada, como preencher um formulário ou fazer uma compra.

2. *Custo por Aquisição (CPA)*: Isso ajuda a entender o custo médio para adquirir um novo cliente. É calculado dividindo o custo total da campanha pelo número de conversões.

3. *Retorno sobre o Investimento (ROI)*: O ROI mede o lucro gerado em relação ao investimento feito em marketing. É uma métrica fundamental para avaliar a eficácia das campanhas.

4. *Taxa de Abertura de E-mails*: Essa métrica é importante para campanhas de e-mail marketing e mostra quantas pessoas abriram seus e-mails.

5. *Taxa de Cliques (CTR)*: Mede a porcentagem de pessoas que clicaram em um link ou anúncio. É relevante para campanhas de anúncios online.

6. *Tempo Médio na Página*: Isso indica quanto tempo os visitantes passam em uma página, o que pode refletir o nível de interesse e engajamento.

7. *Taxa de Rejeição (Bounce Rate)*: Mede quantos visitantes saem do seu site após visualizar apenas uma página. Uma baixa taxa de rejeição geralmente é desejável.

8. *Taxa de Cliques Social*: Para avaliar o desempenho nas redes sociais, é importante acompanhar quantas pessoas estão interagindo com seus posts e compartilhando seu conteúdo.

9. *Posicionamento nos Motores de Busca (SEO)*: Acompanhar as classificações nos motores de busca, como o Google, é fundamental para o tráfego orgânico.

10. *Taxa de Churn de Clientes*: Essa métrica é importante para empresas de assinatura e serviços, medindo quantos clientes você perde em um determinado período.

Lembre-se de que a escolha das métricas-chave deve ser orientada pelos objetivos de marketing e pelo tipo de negócio. Não existe uma única métrica universalmente "melhor", mas sim aquelas que são mais relevantes para suas metas específicas.

ANÁLISE DE DADOS E TOMADA DE DECISÕES

A análise de dados e tomada de decisões no marketing digital envolvem a coleta, processamento e interpretação de informações relacionadas às campanhas de marketing online, bem como a utilização dessas informações para tomar decisões estratégicas. Aqui está como isso funciona:

Análise de Dados no Marketing Digital:

- *Coleta de Dados*: Primeiro, colete dados relevantes, que podem incluir métricas de desempenho de campanhas, como taxas de cliques, taxas de conversão, engajamento nas redes sociais, dados demográficos do público, entre outros.

- *Limpeza e Processamento de Dados*: Prepare os dados, verificando se estão completos, precisos e consistentes. Isso pode envolver a eliminação de dados duplicados e a organização das informações.

- *Análise Estatística*: Use técnicas estatísticas e análise de dados para identificar tendências, padrões e insights. Isso pode ajudar a entender o que está funcionando e o que não está em suas campanhas de marketing digital.

- *Visualização de Dados*: Crie gráficos, relatórios e visualizações para tornar os insights mais acessíveis e compreensíveis.

Tomada de Decisões no Marketing Digital:

- *Defina Objetivos*: Comece por estabelecer metas claras para suas campanhas de marketing digital. Isso pode ser aumentar as vendas, melhorar o reconhecimento da marca ou alcançar um determinado público-alvo.

- *Avaliação de Desempenho*: Com base na análise de dados, avalie o desempenho de suas campanhas em relação aos objetivos estabelecidos.

- *Ajustes Estratégicos*: Se os dados mostrarem que uma campanha não está alcançando os resultados desejados, tome decisões para ajustar a estratégia. Isso pode envolver alocar mais orçamento para anúncios que funcionam bem, otimizar páginas de destino ou ajustar segmentações de público.

- *Experimentação A/B*: Realize testes A/B para comparar diferentes elementos de suas campanhas, como títulos de anúncios, imagens ou chamadas para ação, e com base nos resultados, tome decisões informadas sobre qual versão é mais eficaz.

- *Acompanhamento Contínuo*: A análise de dados e a tomada de decisões no marketing digital são processos contínuos. Continue monitorando o desempenho e ajustando suas estratégias à medida que novas informações se tornam disponíveis.

A análise de dados no marketing digital fornece insights valiosos sobre o comportamento do público, o desempenho de campanhas e o retorno sobre o investimento (ROI). Isso permite que você tome decisões mais informadas, aperfeiçoe suas estratégias e alcance seus objetivos de marketing digital de maneira mais eficaz

11. *Teste e Otimização Constante:* Realize testes A/B e otimize continuamente suas páginas de destino, processos de compra e estratégias de marketing. Isso pode aumentar a conversão de visitantes em compradores.

Lembre-se de que a combinação ideal de estratégias de vendas dependerá do seu nicho de mercado, público-alvo e recursos disponíveis. Experimente diferentes abordagens e ajuste sua estratégia com base no que gera os melhores resultados para o seu negócio.

MELHORIAS CONTINUAS E ADAPTAÇÕES A MUDANÇAS

Melhorias contínuas e adaptações a mudanças são fundamentais no marketing digital, pois esse campo está em constante evolução. Aqui estão algumas práticas para realizar melhorias contínuas e se adaptar às mudanças:

1. *Acompanhe Métricas Constantemente*: Monitore regularmente as métricas-chave de desempenho, como taxas de conversão, custo por aquisição, retorno sobre investimento, etc. Isso ajuda a identificar tendências e áreas que precisam de melhoria.

2. *Testes A/B e Experimentação*: Realize testes A/B para comparar diferentes elementos de suas campanhas, como títulos de anúncios, imagens ou layouts de páginas de destino. Isso ajuda a otimizar o desempenho.

3. *Mantenha-se Atualizado*: Esteja ciente das últimas tendências e novas tecnologias no marketing digital. Participe de cursos, conferências e leia blogs especializados para se manter informado.

4. *Adapte-se às Mudanças nas Plataformas*: Plataformas de mídia social e mecanismos de busca atualizam regularmente seus algoritmos. Esteja pronto para ajustar suas estratégias para se adequar a essas mudanças.

5. *Audite Regularmente o Conteúdo*: Avalie periodicamente o conteúdo em seu site e nas mídias sociais para garantir que esteja atualizado, relevante e atenda às necessidades do público-alvo.

6. *Segmentação de Público Melhorada*: Refine suas estratégias de segmentação de público com base nas informações que coleta sobre seu público. Isso ajuda a direcionar suas mensagens de forma mais eficaz.

7. *Aprenda com os Concorrentes*: Analise o que seus concorrentes estão fazendo no marketing digital. Identifique as estratégias bem-sucedidas e as áreas em que podem estar falhando.

8. *Feedback dos Clientes*: Solicite feedback dos clientes e ouça atentamente o que eles têm a dizer. Isso pode revelar oportunidades de melhoria em sua estratégia.

9. *Invista em Educação e Treinamento*: Certifique-se de que sua equipe esteja atualizada e possua as habilidades necessárias para lidar com as mudanças no marketing digital.

10. *Flexibilidade e Agilidade*: Esteja disposto a se adaptar rapidamente. Às vezes, é necessário mudar de rumo quando uma estratégia não está funcionando ou quando surgem novas oportunidades.

11. *Análise de Dados Profunda*: Utilize análises avançadas e ferramentas de análise de dados para obter insights mais profundos sobre o comportamento do público e o desempenho de campanhas.

12. *Plano de Contingência*: Tenha planos de contingência prontos para situações imprevistas, como crises de reputação nas mídias sociais.

Lembre-se de que o marketing digital é dinâmico, e o sucesso depende da capacidade de se adaptar às mudanças e de buscar continuamente maneiras de melhorar o desempenho. A agilidade e a aprendizagem contínua são essenciais para se destacar nesse campo.

13. GERENCIAMENTO DO TEMPO E CONSISTÊNCIA

ESTABELECENDO UM CRONOGRAMA DE TRABALHO

Estabelecer um cronograma de trabalho no marketing digital envolve vários passos. Aqui estão as etapas básicas para criar um plano eficaz:

1. Defina seus objetivos: Comece identificando claramente o que deseja alcançar com suas estratégias de marketing digital, como aumentar as vendas, gerar leads ou aumentar o engajamento nas redes sociais.

2. Conheça seu público-alvo: Entenda quem é seu público-alvo, suas necessidades e preferências. Isso ajudará a direcionar suas estratégias de marketing de forma mais eficaz.

3. Escolha as plataformas certas: Selecione as plataformas de marketing digital mais adequadas ao seu público e objetivos. Isso pode incluir redes sociais, e-mail marketing, SEO, anúncios pagos, entre outros.

4. Crie um calendário editorial: Planeje o conteúdo que você irá publicar em suas plataformas digitais. Isso inclui posts em blogs, mídias sociais, vídeos, e-mails, etc.

5. Estabeleça metas de frequência: Defina a frequência com que você publicará conteúdo em cada plataforma. Por exemplo, quantos posts por semana no blog, quantos posts diários nas redes sociais, etc.

6. Aloque recursos: Determine os recursos necessários, como equipe, tempo e orçamento, para executar seu plano de marketing digital.

7. Monitore e avalie: Estabeleça métricas-chave para medir o sucesso de suas campanhas, como o aumento no tráfego do site, conversões, compartilhamentos sociais, etc.

8. Ajuste o cronograma conforme necessário: À medida que você analisa os resultados, faça ajustes no seu cronograma e estratégias para otimizar o desempenho.

9. Mantenha-se consistente: A consistência é fundamental no marketing digital. Cumpra seu cronograma e continue fornecendo conteúdo de qualidade.

10. Fique atualizado: O marketing digital está em constante evolução. Esteja ciente das tendências e novas tecnologias para manter seu plano atualizado.

Lembre-se de que a flexibilidade é essencial, pois o ambiente digital é dinâmico. Adaptar-se às mudanças e aprender com os resultados é fundamental para o sucesso no marketing digital.

EVITANDO A SOBRECARGA DE INFORMAÇÕES

Evitar a sobrecarga de informações no marketing digital é essencial para manter o foco e a eficiência. Aqui estão algumas dicas para ajudar nesse processo:

1. Defina metas claras: Tenha objetivos específicos para suas campanhas de marketing digital. Isso ajudará a filtrar as informações relevantes para atingir esses objetivos.

2. Selecione fontes confiáveis: Escolha fontes de informação confiáveis e autorizadas em seu nicho. Evite desperdiçar tempo em fontes duvidosas.

3. Limite sua pesquisa: Em vez de seguir todas as tendências, concentre-se nas que estão diretamente relacionadas aos seus objetivos. Isso reduzirá a sobrecarga de informações.

4. Use ferramentas de organização: Utilize ferramentas de gerenciamento de informações, como marcadores, pastas, aplicativos de produtividade e agendamento, para organizar e acompanhar o que é importante.

5. Estabeleça um horário de leitura: Dedique um tempo específico para se manter informado, evitando distrações constantes ao longo do dia.

6. Aprenda a filtrar informações: Desenvolva habilidades de discernimento para filtrar o que é relevante. Avalie se a informação contribui para seus objetivos.

7. Utilize automação: Automatize tarefas de monitoramento e análise de dados sempre que possível, utilizando ferramentas de marketing digital.

8. Mantenha uma lista de tarefas priorizadas: Concentre-se nas atividades que estão alinhadas com suas metas e prioridades de marketing digital.

9. Evite a multitarefa: Focar em uma tarefa de cada vez é mais eficaz do que tentar lidar com várias informações simultaneamente.

10. Faça pausas regulares: O descanso ajuda a evitar a fadiga mental e a sobrecarga de informações. Dê-se tempo para recarregar.

11. Aprenda a dizer não: Não se sobrecarregue com todas as oportunidades e informações que surgem. Avalie se vale a pena seu tempo e recursos.

12. Treine a equipe: Se você tem uma equipe, certifique-se de que todos estejam alinhados com os objetivos e saibam como lidar com a sobrecarga de informações.

Manter o equilíbrio entre a busca por informações relevantes e a evitação da sobrecarga é crucial para o sucesso no marketing digital. Lembre-se de que a qualidade é mais importante do que a quantidade quando se trata de informações.

PREPARANDO-SE PARA O FUTURO DO MARKETING DIGITAL

Manter consistência e motivação no marketing digital é essencial para obter resultados sustentáveis. Aqui estão algumas dicas específicas para ajudar nessa área:

1. Defina metas claras: Estabeleça metas específicas e mensuráveis para suas campanhas de marketing digital. Isso proporciona um senso de propósito e direção.

2. Crie um plano estratégico: Desenvolva um plano detalhado que inclua suas estratégias, táticas e um cronograma. Ter um roteiro ajuda a manter o foco.

3. Conheça o seu público: Compreenda seu público-alvo em profundidade para criar conteúdo e campanhas que os envolvam de forma eficaz.

4. Mantenha um calendário editorial: Planeje com antecedência e crie um calendário para suas postagens em blogs, redes sociais, e-mails, etc. Isso ajuda a manter a consistência.

5. Automatize tarefas repetitivas: Utilize ferramentas de automação de marketing para agendar postagens, responder a e-mails ou gerenciar anúncios. Isso economiza tempo e mantém a consistência.

6. Monitore e analise resultados: Acompanhe o desempenho de suas campanhas, utilizando métricas-chave. Isso fornece feedback para ajustes e mantém a motivação ao ver os resultados.

7. Aprenda continuamente: O marketing digital está em constante evolução. Dedique tempo para aprender sobre novas tendências e ferramentas.

8. Colabore e se conecte: Participe de grupos, fóruns e redes sociais relacionados ao marketing digital para trocar ideias, experiências e aprender com outros profissionais.

9. Mantenha um mindset positivo: Cultive uma mentalidade que veja desafios como oportunidades de crescimento. Isso ajuda a superar obstáculos e a manter a motivação.

10. Encontre um mentor: Busque orientação de alguém com experiência em marketing digital. Um mentor pode fornecer insights valiosos e encorajamento.

11. Comemore marcos e conquistas: Reconheça e celebre cada sucesso, não importa o quão pequeno seja. Isso ajuda a manter o entusiasmo.

12. Mantenha a consistência na qualidade: É importante não apenas manter a consistência na frequência, mas também na qualidade do seu conteúdo e campanhas.

13. Faça testes e experimente: Esteja disposto a experimentar coisas novas e testar diferentes abordagens. Isso pode manter sua estratégia de marketing digital fresca e interessante.

Lembre-se de que o marketing digital é uma jornada contínua. A motivação e a consistência são fundamentais para alcançar o sucesso a longo prazo, então, esteja preparado para se adaptar e evoluir à medida que o cenário digital muda.

14. LIDANDO COM DESAFIOS E ADVERSIDADES

Superar obstáculos comuns no marketing digital envolve estratégia e persistência. Alguns desafios incluem:

1. Conheça seu público-alvo: Faça pesquisas de mercado para entender as necessidades e preferências do seu público.

2. Conteúdo de qualidade: Crie conteúdo relevante e valioso para atrair e manter a atenção dos visitantes.

3. Presença nas redes sociais: Esteja ativo nas redes sociais relevantes para o seu nicho e interaja com seu público.

4. SEO: Otimize seu site para mecanismos de busca, para melhorar sua visibilidade.

5. Análise de dados: Utilize ferramentas de análise para entender o desempenho das suas campanhas e fazer ajustes.

6. Concorrência: Esteja ciente da concorrência e diferencie-se com propostas únicas de valor.

7. Orçamento: Gerencie seu orçamento com eficiência, priorizando estratégias que funcionam.

8. Acompanhamento: Esteja disposto a ajustar suas táticas conforme necessário, e mantenha-se atualizado com as tendências do marketing digital.

Lembre-se de que o marketing digital é uma disciplina em constante evolução, e a adaptação é fundamental para o sucesso

LIDANDO COM A CONCORRÊNCIA

Lidar com a concorrência no marketing digital exige estratégia e criatividade. Aqui estão algumas dicas para enfrentar a concorrência de forma eficaz:

1. Análise da concorrência: Pesquise e avalie suas concorrentes para entender suas estratégias, público-alvo e táticas de marketing.

2. Diferenciação: Destaque-se oferecendo propostas únicas de valor, produtos ou serviços exclusivos e uma abordagem única.

3. Público-alvo específico: Segmente seu público de maneira mais precisa e direcione suas mensagens para atender às necessidades específicas desse grupo.

4. Conteúdo de alta qualidade: Crie conteúdo valioso, informativo e envolvente que seja melhor do que o da concorrência.

5. SEO eficiente: Otimize seu site para mecanismos de busca para melhorar sua classificação e visibilidade nos resultados.

6. Publicidade paga: Use campanhas de anúncios pagos de maneira estratégica para alcançar públicos específicos.

7. Monitoramento contínuo: Acompanhe o desempenho de suas campanhas e ajuste-as com base nos dados e nas métricas.

8. Inovação: Esteja atento a novas tendências e tecnologias no marketing digital e esteja disposto a adotá-las.

9. Relações públicas e parcerias: Colabore com outros players do mercado para expandir sua presença.

10. Feedback do cliente: Ouça os feedbacks dos seus clientes e ajuste suas estratégias com base no que eles dizem.

Lidar com a concorrência no marketing digital é um desafio constante, mas com uma abordagem estratégica e uma compreensão profunda do seu mercado e público, é possível se destacar e obter sucesso.

MANTENDO O FOCO E A RESILIÊNCIA

Manter o foco e a resiliência no marketing digital é essencial para alcançar o sucesso a longo prazo. Aqui estão algumas dicas para ajudar a manter essas qualidades:

1. Defina metas claras: Tenha objetivos bem definidos para suas campanhas de marketing, o que ajudará a manter o foco em resultados específicos.

2. Planeje estrategicamente: Desenvolva um plano de marketing sólido que inclua metas de curto e longo prazo, estratégias e táticas.

3. Acompanhe e ajuste: Monitore constantemente o desempenho das suas campanhas e esteja disposto a fazer ajustes quando necessário.

4. Mantenha-se atualizado: O marketing digital está em constante evolução. Esteja atento às últimas tendências e tecnologias para se manter competitivo.

5. Gerencie seu tempo: Priorize tarefas e evite distrações para permanecer focado em atividades que impulsionam o sucesso.

6. Aprenda com o fracasso: Aceite que nem todas as campanhas serão bem-sucedidas. Use os erros como oportunidades de aprendizado e melhoria.

7. Desenvolva resiliência emocional: Esteja preparado para enfrentar críticas e desafios. Mantenha uma atitude positiva e acredite em seu trabalho.

8. Busque apoio: Esteja aberto a receber feedback de colegas, mentorias e redes de suporte no marketing digital.

9. Cuidado com o bem-estar: Mantenha um equilíbrio saudável entre trabalho e vida pessoal. O esgotamento pode prejudicar o foco e a resiliência.

10. Celebre as conquistas: Reconheça e comemore os sucessos ao longo do caminho para manter a motivação.

Manter o foco e a resiliência no marketing digital pode ser desafiador, mas com uma abordagem estratégica e uma mentalidade positiva, é possível superar obstáculos e alcançar resultados duradouros.

15. ESTRATÉGIAS AVANÇADAS E TENDÊNCIAS FUTURAS

NOVAS TENDÊNCIAS NO MARKETING DIGITAL

Algumas tendências recentes no marketing digital incluem:

1. *Marketing de Conteúdo em Vídeo*: Vídeos continuam a ser uma forma eficaz de envolver o público. Plataformas como o TikTok e o Reels do Instagram estão em ascensão.

2. *Busca por Voz*: Com o aumento dos assistentes de voz, otimizar o conteúdo para busca por voz é essencial.

3. *Personalização Avançada*: A personalização de conteúdo com base no comportamento do usuário se tornou mais sofisticada.

4. *Estratégias de Chatbots e IA*: Chatbots e assistentes virtuais estão sendo usados para melhorar a experiência do cliente e automatizar interações.

5. *Marketing de Influenciadores em Ascensão*: Parcerias com influenciadores continuam a ser uma tendência, especialmente em nichos específicos.

6. *Realidade Aumentada (AR) e Realidade Virtual (VR)*: Empresas estão explorando AR e VR para criar experiências interativas e envolventes.

7. *Mídias Sociais e Comércio Eletrônico*: As mídias sociais estão se tornando plataformas de compras, com recursos de compra direta.

8. *SEO Semântico e Estruturado*: O SEO evoluiu para incluir mais contexto e semântica em relação às pesquisas dos usuários.

9. *Marketing de Conteúdo Interativo*: Conteúdo interativo, como pesquisas, quizzes e vídeos interativos, está sendo usado para aumentar o engajamento.

10. *Privacidade e Proteção de Dados*: A regulamentação de proteção de dados está afetando o marketing, com ênfase na transparência e segurança dos dados dos usuários.

Lembrando que as tendências podem mudar rapidamente no marketing digital, então é importante ficar atualizado com as últimas novidades

ESTRATÉGIAS AVANÇADAS PARA O CRESCIMENTO

Traga ações avançadas para fazer sua empresa crescer com Marketing Digital, atraindo mais clientes e se tornando referência no mercado.

Utilize estratégias de marketing avançadas para construir relacionamentos sólidos com os clientes, mergulhando profundamente em todos os aspectos do seu negócio.

Crie uma estratégia de Marketing Digital robusta, utilizando ferramentas como o RD Station Marketing para alcançar melhores resultados.

Explore o marketing de vídeo, que tem se mostrado uma estratégia eficaz para engajar o público e transmitir mensagens de forma impactante.

Analise os sentimentos nas mídias sociais para entender como sua marca é percebida e adaptar suas estratégias de acordo.

Foque na pesquisa por voz, uma tendência crescente, otimizando seu conteúdo para ser encontrado por meio de assistentes virtuais como a Siri, Alexa e Google Assistant.

Personalize suas mensagens de marketing para criar uma conexão mais profunda com seu público-alvo.

Utilize campanhas multicanais para estar presente em diversos canais de comunicação e alcançar um público mais amplo.

Aproveite as oportunidades de gerar mais leads e conversões por meio de estratégias avançadas de marketing digital.

Espero que essas estratégias possam ajudar no crescimento do seu negócio no ambiente digital!

PREPARANDO-SE PARA O FUTURO DO MARKETING DIGITAL

Preparar-se para o futuro do marketing digital envolve estar atualizado com as últimas tendências e tecnologias emergentes. Aqui estão algumas estratégias para se preparar:

Acompanhe as tendências: Esteja atento às mudanças no comportamento do consumidor, nas tecnologias emergentes e nas novidades do mercado. Isso pode ser feito por meio de leitura de blogs, participação em conferências e cursos de atualização.
Invista em inteligência artificial e automação: Essas tecnologias estão se tornando cada vez mais importantes no marketing digital. Elas podem ajudar a automatizar tarefas, personalizar a experiência do cliente e prever comportamentos de compra.
Foque na experiência do cliente: No futuro, a experiência do cliente será ainda mais importante. Invista em estratégias de marketing centradas no cliente, como personalização, atendimento ao cliente de qualidade e jornadas de compra personalizadas.
Esteja presente nas redes sociais: As redes sociais continuarão a desempenhar um papel importante no marketing digital. Esteja presente nas plataformas relevantes para o seu público-alvo e utilize recursos como vídeos ao vivo, histórias e influenciadores para se conectar com sua audiência.

Otimize para dispositivos móveis: Com o aumento do uso de dispositivos móveis, é fundamental ter um site responsivo e oferecer uma experiência de usuário otimizada para dispositivos móveis. Isso inclui carregamento rápido, design responsivo e interfaces intuitivas.

Acompanhe as métricas corretas: No futuro, as métricas de vaidade, como o número de seguidores ou curtidas, podem se tornar menos relevantes. Foque em métricas que realmente importam para o seu negócio, como taxa de conversão, ROI e engajamento real.

Invista em conteúdo de qualidade: O conteúdo continuará sendo um elemento-chave do marketing digital. Invista em criar conteúdo relevante, útil e de qualidade que responda às necessidades do seu público-alvo.

Aprenda sobre marketing de voz: Com o aumento da popularidade dos assistentes de voz, como a Siri e a Alexa, é importante entender como otimizar seu conteúdo para pesquisa por voz e aproveitar essa tendência em ascensão.

Mantenha-se atualizado com a legislação de privacidade: Com a crescente preocupação com a privacidade do usuário, é fundamental entender e cumprir as regulamentações de privacidade, como o GDPR e a LGPD.

Esteja aberto a mudanças: O marketing digital está em constante evolução. Esteja aberto a testar novas estratégias, experimentar diferentes canais e adaptar-se às mudanças do mercado.

Lembre-se de que o futuro do marketing digital é incerto, mas estar preparado e adaptável ajudará sua empresa a se manter relevante e competitiva.

Notas

https://www.portalinsights.com.br/perguntas-frequentes/quais-sao-os-principais-objetivos-do-marketing-digital

https://rockcontent.com/br/blog/marketing-digital/

https://www.infolivros.org/pdfview/marketing-digital-sandrina-francisca-teixeira-aron-rodrigo-batista-e-f-gilson-r-porto-junior-168/

Marketing Digital /Autor:
Sandrina Francisca Teixeira,
Aron Rodrigo Batista e F. Gilson
R. Pôrto Júnior

https://www.mafiadomarketing.com.br/blog/estrategias-de-marketing-digital/

https://www.infolivros.org/pdfview/como-elaborar-um-plano-de-marketing-sebrae-31/

https://www.portalinsights.com.br/
https://datareportal.com/reports/digital-2023-global-overview-report

https://rockcontent.com/br/blog/automacao-de-marketing/

https://br.hubspot.com/blog/marketing/publicidade-online

https://23studios.com.br/midias-digitais/

Como elaborar um plano de
marketing
Autor: Sebrae